Sushi

BLUME

Contenido

Arroz, algas de nori y Cía.
Los ingredientes típicos

S ushi, la preparación japonesa, es apreciada por todo el mundo. Las pequeñas y delicadas obras maestras, modeladas a mano, enrolladas o dispuestas en pequeños boles, son estéticas y una auténtica experiencia culinaria. Los japoneses creen que la comida debe implicar todos los sentidos. Por ello, el esmero y la presentación también imperan en la cocina. Los sushi, ya sean extraordinariamente sencillos o tan artísticos que impresionen, deleitan por igual al ojo y al paladar. Su sabor tiene sus secretos en las preparaciones a partir de arroz aromatizado, pescado fresco y hortalizas crujientes; los sushi resultan una delicia tan exquisita como saludable. Ligeramente aromáticos, pobres en grasas y calorías y ricos en vitaminas y minerales, los exóticos y delicados bocaditos de arroz están hoy de moda. Su diversidad es asombrosa, la variedad de los ingredientes prácticamente infinita y la preparación cada vez más accesible. Los sushi, que se sirven como plato principal o como penúltimo plato, se degustan con palillos o con los dedos. Los bocaditos se remojan en una mezcla de salsa de soja y wasabi y se comen de un bocado.

1

Las setas **TONGU** (izquierda), más conocidas como setas shiitake, se encuentran frescas o secas. Estas últimas son fáciles de usar y más aromáticas que las frescas.

1 Las **GAMBAS** o los langostinos son de un color rosado o con matices azulados cuando están crudos; una vez cocidos adquieren un apetitoso color rosado.

2 El **SALMÓN** se utiliza en el sushi tanto crudo como fileteado con o sin piel, y ahumado. Compre únicamente el de mejor calidad.

3 El **SHOYU**, **SU** y **SAKE** (salsa de soja, vinagre de arroz y vino de arroz) es un trío imprescindible para condimentar y sazonar.

4 Las láminas de **ALGAS NORI** se preparan a partir de algas púrpura, prensadas y secadas. Su sabor se suaviza al tostar las hojas, que adquieren un color casi negro. Las hojas tostadas se reconocen por su color verde.

5 El **CAVIAR** y las **HUEVAS DE PESCADO** presentan varios colores, según el tipo de pescado del que provengan: las de salmón son de color amarillo rojizo y de grano grueso; las de bacalao son más pequeñas y de color rojo amarronado; las de arenque de color amarillo vivo, y el caviar de esturión tiene un tono gris plateado brillante.

6 El **KOME**, arroz japonés de grano redondo, desarrolla durante la cocción una fuerte propiedad aglutinante. En el comercio también se conoce como arroz para sushi, ketan o nikishi.

7 El **GARI** o **SHOGA** es jengibre en conserva; de color crema o rosado, constituye un elemento imprescindible para acompañar cualquier tipo de sushi.

6

7

El **KAMPYO**, calabaza seca en forma de tiras muy finas, debe remojarse antes de su uso y es un elemento primordial en los sushi enrollados.

Las algas japonesas **KONBU** y **WAKAME** se utilizan en la cocción del arroz o como ingrediente en las sopas. Durante el verano pueden comprarse frescas, y secas el resto del año.

EL **MIRIN** es un vino de arroz dulce almibarado que debido a su bajo contenido en alcohol resulta ideal para cocinar.

EL **RENKON**, o raíz de loto, es la raíz de un tipo de lirio acuático. Se puede adquirir tanto fresco como congelado, seco o en conserva.

EL **SURIMI** es carne de pescado prensada a la que se da diferentes sabores; a menudo se conoce como «palitos de cangrejo». Envueltos individualmente en película transparente, los palitos se suelen encontrar congelados.

EL **TAKUAN** es un relleno para sushi muy apreciado. El rábano gigante Daikon, de color blanco, se seca e hidrata, y después se prepara en conserva, que suele colorearse de amarillo.

EL **WASABI** es raiforte verde picante. En los bares de sushi se conoce como namida («lágrimas»). Se encuentra disponible como pasta lista para usar o en polvo, que se reconstituye con agua.

Paso a paso
Las técnicas culinarias
más importantes

En Japón se dice que el sushi es un arte. Pero las bases de este arte no son difíciles de aprender. Para formar los sushi nigiri («dedos») se da forma al arroz con la mano y se recubre con el ingrediente elegido. Los sushi maki clásicos se enrollan con una lámina de alga ayudándose con una esterilla de bambú. Los rollos pequeños se llaman hoso-maki, y los más grandes y con varios rellenos, futo-maki. Una especialidad son los rollitos de California, en los que el arroz se encuentra en la capa externa. Los sushi temaki se enrollan a mano en forma de cono. Los chirashi, sashimi y mushi no se consideran parte de los sushi clásicos en Europa, aunque se encuentran muy extendidos en Japón. El sashimi es el pescado fresco que se corta en lonchas extremadamente finas; el chirashi es una mezcla de pescado, carne, tortilla y hortalizas que se dispone fría sobre el arroz sushi modelado. El mushi es la variante caliente del chirashi. La preparación de los sushi apenas necesita utensilios especiales. Además de un cuchillo de forma muy afilada se precisa una esterilla de bambú, un cuenco de madera o cerámica para enfriar el arroz, y palillos de madera para comer o cocinar. Todo lo demás lo encontrará en cualquier cocina.

Preparar los clásicos sushi maki

1 Prepare todos los ingredientes para los sushi maki. Coloque la lámina de nori con la cara lisa hacia abajo sobre la esterilla de bambú.

2 Distribuya el arroz con los dedos humedecidos sobre la lámina de nori. Coloque los ingredientes del relleno sobre el tercio inferior.

3 Doble la lámina de nori sobre sí misma desde el extremo inferior con la ayuda de la esterilla de bambú. Sujete los ingredientes con los dedos.

4 Termine de enrollar la lámina de nori lentamente presionándola mientras lo hace. No enrolle la esterilla.

5 Retire la esterilla y corte el rollo de sushi por la mitad con un cuchillo muy afilado.

6 Corte 3 trozos iguales en cada mitad.

Enrollar cucuruchos temaki

1 Corte la lámina de alga nori con las tijeras y póngala en la mano izquierda. Coloque una bolita de arroz en sentido oblicuo en el extremo inferior.

2 Comprima ligeramente la bolita y coloque encima los ingredientes del relleno antes preparados.

3 Doble la esquina inferior de la lámina de alga nori y apriétela ligeramente contra el arroz. Mientras tanto, sujete el relleno con los dedos.

4 Enrolle la lámina de alga nori formando un cucurucho. Fije los extremos de la lámina con uno o dos granos de arroz aplastados.

Formar sushi nigiri

1 Forme bolitas alargadas con el arroz para sushi. Unte con un poco de wasabi una cara del filete de pescado y sosténgalo en la mano.

2 Coloque la bolita de arroz sobre la cara del pescado untada con wasabi, apriete ligeramente, deje caer la bola en la otra mano y déle forma con dos dedos.

Preparar arroz para sushi

1 Lave 175 g de arroz para sushi en un colador bajo el chorro del agua fría hasta que el agua salga clara.

2 Ponga a hervir el arroz con 250 ml de agua, déjelo cocer 2 minutos, apague el fuego y déjelo reposar 10 minutos, con el recipiente tapado.

3 Déjelo reposar 10 minutos más, destapado. Mientras tanto, caliente 1 cucharadita rasa de sal y otra de azúcar en 2 cucharadas de vinagre de arroz.

4 Coloque el arroz en un cuenco, rocíelo con la preparación anterior y mézclelo con los palillos. Obtendrá unos 450 g de arroz para sushi.

Sushi nigiri

Nigiri de tortilla
con cinturón verde

Una **combinación** clásica que no sólo es del agrado de los vegetarianos: la tortilla suave y esponjosa se **deshace** en la boca.

Ingredientes

6 **huevos**

75 ml de **dashi** (caldo de pescado instantáneo japonés)

1 cucharadita de **salsa de soja**

2 cucharadas de **azúcar · sal**

1 cucharada de **mirin**

2-3 cucharadas de **aceite**

175 g de **arroz para sushi**

(*véase* pág. 9)

8 tallos de **cebollino**

Preparación
PARA 8 PIEZAS

1 Para la tortilla, bata los huevos y viértalos en un cuenco. Mezcle el caldo dashi frío con la salsa de soja, el azúcar, la sal y el mirin hasta que la sal y el azúcar se hayan disuelto. Añada esta mezcla a los huevos y amalgámelos con una batidora de varillas, pero sin batirlos. Caliente el aceite en una sartén y fría la mezcla preparada hasta formar una tortilla de unos 2 cm de grosor.

2 Deje enfriar la tortilla a temperatura ambiente y córtela transversalmente, de forma que ambas mitades tengan un grosor de 1 cm. Corte de forma decorativa cada mitad en porciones rectangulares del mismo tamaño.

3 Con las manos humedecidas forme 8 bolitas ovaladas del mismo tamaño del arroz para sushi. Cubra cada bolita con una porción de tortilla y presiónela con cuidado. Rodee cada sushi nigiri con un tallo de cebollino y átelo.

Los japoneses utilizan palillos de cocina para la preparación de las tortillas. Los menos hábiles emplean una espátula flexible, con la que obtienen también una tortilla bien formada.

Nigiri de sardina
al aroma de limón

La piel de la sardina brilla como la plata y su carne presenta unos suaves destellos rosados: las sardinas iwashi son un ingrediente muy apreciado en la cocina japonesa.

Ingredientes

8 filetes de **sardina frescos**

(con piel)

2 cucharadas de **sal marina**

3 cucharadas de **vinagre de arroz**

1 cucharada de **mirin**

1 cucharadita de **azúcar**

2 cucharadas de **zumo de limón**

1 pizca de **cáscara de**

limón rallada

175 g de **arroz para sushi**

(*véase* pág. 9)

2 cucharaditas de **wasabi**

8 tallos de **cebollino**

Preparación
PARA 8 PIEZAS

1 Lave los filetes de sardina con agua fría, séquelos y elimine cualquier posible espina con unas pinzas. Cubra los filetes con la sal marina y déjelos reposar durante una hora. Lávelos y séquelos otra vez.

2 Mezcle el vinagre de arroz, con el mirin, el azúcar y el zumo y la cáscara de limón en un cuenco pequeño. Marine los filetes de sardina en esta mezcla, con el cuenco tapado durante 2 horas en la nevera.

3 Retire los filetes de la marinada y séquelos. Practique unos cortes transversales pequeños, de unos pocos milímetros de profundidad, en la piel de las sardinas con un cuchillo muy afilado.

4 Con las manos humedecidas forme 8 bolitas ovaladas del mismo tamaño del arroz para sushi. A continuación unte una cara de los filetes con el wasabi, coloque encima una bolita de arroz y presione con cuidado. Ate los sushi con un tallo de cebollino.

Encontrará sardinas frescas durante todo el año. Como alternativa puede utilizar sardinas enlatadas o un filete fresco de caballa pelado.

Sushi
de pescado fresco

Preparación
PARA 10 PIEZAS

1 Enjuague los filetes con agua fría, séquelos y congélelos ligeramente.

2 Córtelos inmediatamente en 10 lonchas iguales muy finas con un cuchillo afilado.

3 Tome porciones de arroz para sushi ya preparado con una cuchara y forme 10 bolitas ovaladas con las manos humedecidas.

4 Comprima las bolitas de arroz y aplane ligeramente la parte inferior.

5 Unte los filetes de pescado con un poco de wasabi.

6 Coloque una loncha de pescado con el lado untado de wasabi contra una bolita de arroz y presione ligeramente. Sírvalo con wasabi y rábano en conserva.

Ingredientes

100 g de lomo de **rape fresco**

100 g de filete de **salmón fresco**

250 g de **arroz para sushi** preparado

(*véase* pág. 9)

1 cucharada de **wasabi**

1 cucharada de **rábano japonés** en conserva

Ingredientes

2 lonchas pequeñas de **salmón ahumado**

2 cucharadas de **crema de salmón**

1 cucharada de **eneldo** recién picado

1 ½ láminas de **algas nori**

4 cucharadas de **vinagre de arroz**

250 g de **arroz sushi** preparado

(*véase* pág. 9)

6 cucharadas de **caviar de salmón keta**

6 cucharadas de **huevas de pescado**

Gunkan nigiri
con tres rellenos

Preparación
PARA 12 PIEZAS

1 Desmigaje el salmón ahumado con la ayuda de dos tenedores y mézclelo con la crema de salmón. Sazone la mezcla con el eneldo recién picado.

2 Corte la lámina entera de alga nori en 8 tiras transversales de la misma anchura, y la media hoja en 4 tiras.

3 Mezcle el vinagre de arroz en un cuenco pequeño con 200 ml de agua. Forme 12 bolitas ovaladas del mismo tamaño humedeciéndose las manos con esta mezcla de agua y vinagre.

4 Rodee cada bolita de arroz con una tira de alga nori, de manera que la tira sobresalga de un extremo de la porción de arroz. Fije los extremos de la tira con un grano de arroz aplastado. Cubra 4 gunkan nigiri con cada uno de los rellenos: crema de salmón, caviar de salmón keta y huevas de pescado; repita la operación hasta agotar los ingredientes.

Sushi de anguila
con salsa nitsume

Su aroma es especialmente apreciado por los expertos: la anguila de mar
es un manjar en Japón, donde realza cualquier comida.

Ingredientes

1 anguila (limpia y fileteada)

540 ml de dashi (caldo de

pescado instantáneo japonés)

90 ml de salsa de soja

180 ml de vinagre de alcohol

180 ml de mirin · 50 g de azúcar

200 g de arroz para sushi

preparado (véase pág. 9)

½ lámina de alga nori

1 cucharadita de wasabi

1 cucharadita de semillas

de sésamo

Para la salsa nitsume:

100 ml de salsa de soja clara

80 ml de vinagre de arroz

100 ml de mirin

75 g de azúcar

Preparación
PARA 10 PIEZAS

1 Lave los filetes de anguila con agua salada, raspe la cara de la piel
con un cuchillo y mójela con agua hirviendo.

2 Ponga a hervir la marinada preparada con el caldo dashi, la salsa
de soja, el vinagre de arroz, el mirin y el azúcar. Viértala sobre
el pescado con la cara de la piel hacia abajo y déjelo hervir otros
8 minutos.

3 Retire el pescado del líquido, déjelo enfriar y córtelo en 10 trozos.
Corte la media lámina de alga nori con unas tijeras en 10 tiras
longitudinales.

4 Prepare la salsa nitsume: mida 100 ml del caldo de cocción del
pescado, mézclelo con los ingredientes restantes y déjelo hervir
hasta que se reduzca a la mitad.

5 Forme 10 bolitas nigiri con el arroz sushi, unte cada una con un
poco de wasabi y cúbrala con un trozo de filete de anguila. Unte
la anguila con un poco de salsa nitsume tibia. Envuelva el sushi
con una tira de alga nori, y presione ambos extremos con un grano
de arroz machacado. Sirva el sushi de anguila espolvoreado con
semillas de sésamo.

**Los nigiri también son deliciosos
con anguila o trucha ahumadas.
La salsa, que puede prepararse
con antelación, también es ideal
para acompañar la carne asada.**

Sushi nigiri
de dorada

Preparación
PARA 8 PIEZAS

1 Enjuague el filete de dorada con agua fría, séquelo y elimine las espinas que queden con una pinza.

2 Corte limpiamente los lados de los filetes y divídalos en sentido transversal en 8 lonchas finas.

3 Con las yemas de los dedos unte con un poco de wasabi una cara de los filetes. Mezcle el vinagre de arroz y 200 ml de agua en un cuenco.

4 Forme 8 porciones de arroz ovaladas con las manos humedecidas en el agua con vinagre.

5 Coloque en la mano izquierda los filetes de pescado con el lado untado hacia arriba, ponga una porción de arroz sobre el pescado y presione un poco con la mano; dé la vuelta a la porción y con la ayuda del dedo índice dé forma de cúpula al arroz.

Ingredientes

150 g de filetes de **dorada**

2 cucharaditas rasas de **wasabi**

4 cucharadas de **vinagre de arroz**

175 g de **arroz para sushi** preparado

(*véase* pág. 9)

Ingredientes

10 **mejillones** grandes enlatados

4 ramitas de **perejil**

200 g de **arroz para sushi** preparado

(*véase* pág. 9)

2 pizcas de **wasabi**

Nigiri de mejillones
con perejil

Preparación
PARA 10 PIEZAS

1 Escurra los mejillones en un colador.

2 Lave y seque el perejil. Reserve unas hojas para la decoración y pique el resto.

3 Forme 10 bolitas redondas con el arroz preparado, humedeciéndose las manos regularmente. Aplane un poco la parte inferior.

4 Pase la base de las bolitas de arroz por el perejil picado.

5 Unte con un poco de wasabi cada bolita de arroz, adorne la superficie con una hoja de perejil y un mejillón presionándolos ligeramente.

6 Disponga los nigiri de mejillones sobre una fuente de bambú y acompáñelos con salsa de soja.

Nigiri de aguacate
a la pimienta negra

En la **combinación** está la clave: las lonchas de aguacate
son la **pareja** ideal de la pimienta negra.

Ingredientes

2 **aguacates** maduros

3-4 cucharaditas de

zumo de limón

4 cucharadas de **vinagre de arroz**

½ lámina de **alga nori**

200 g de **arroz para sushi**

preparado (*véase* pág. 9)

pimienta recién molida

Preparación
PARA 10 PIEZAS

1 Pele los aguacates, córtelos por la mitad a lo largo y elimine el hueso. Córtelos, a continuación, en 20 lonchas del mismo grosor. Rocíelas inmediatamente con el zumo de limón por ambas caras.

2 Mezcle en un cuenco el vinagre de arroz con 200 ml de agua. Corte la media lámina de alga nori en sentido longitudinal con unas tijeras de modo que se formen tiras regulares de 1 cm de ancho.

3 Forme 10 porciones oblongas con el arroz sushi preparado, humedeciéndose las manos con la mezcla de agua y vinagre.

4 Aplane la base de cada porción, coloque encima 2 lonchas de aguacate y envuelva el conjunto con una tira de alga nori. Una los extremos del alga con 1 o 2 granos de arroz aplastados.

5 Antes de servir, muela pimienta al gusto sobre el sushi de aguacate.

Si le gusta el tomate, puede sustituir el aguacate por un tomate cortado a gajos. Utilice en este caso 20 tallos de cebollino en lugar de las tiras de nori para sujetar los sushi.

Sushi de espárragos
con jamón

Una **tradición** antigua con ingredientes actuales, unidos a la manera occidental: un sushi nigiri con mucho **estilo**.

Ingredientes

16 **espárragos verdes** pequeños

sal

4 cucharadas de **vinagre de arroz**

½ lámina de **alga nori**

300 g de **arroz para sushi** preparado (*véase* pág. 9)

2 cucharaditas de **wasabi**

8 lonchas finas de **jamón crudo**

8 hojas de **endibias**

Preparación
PARA 8 PIEZAS

1 Lave y corte las yemas de los espárragos. Hiérvalas en agua salada de 3 a 4 minutos. Enjuague los espárragos con agua fría y déjelos escurrir en un colador.

2 Prepare la mezcla tezu: mezcle en un cuenco pequeño el vinagre de arroz con 200 ml de agua y reserve. Corte con unas tijeras la media lámina de alga nori en 8 tiras longitudinales.

3 Humedézcase los dedos y las palmas de las manos con la mezcla tezu y modele 8 óvalos del mismo tamaño con el arroz sushi preparado –recuerde que debe humedecer sus dedos regularmente. Pincele cada óvalo con un poco de pasta wasabi.

4 Coloque dos yemas de espárragos sobre cada óvalo de arroz. Forme rollitos con las rebanadas de jamón y dispóngalos sobre los nigiri.

5 Rodee los nigiri en sentido transversal con una tira de alga nori y una los extremos de la misma con 1 o 2 granos de arroz aplastados. Coloque los nigiri sobre las hojas de endibia.

Si no le gustan las endibias, puede disponer los nigiri sobre una hoja de escarola. Las barquitas de ensalada son muy decorativas y permiten comer los nigiri con las manos.

Nigiri de salmón
con wasabi

Preparación
PARA 8 PIEZAS

1 Enjuague el filete de salmón con agua fría y séquelo. Córtelo por la mitad en sentido longitudinal y, a continuación, en 8 lonchas regulares, en sentido ligeramente transversal a las fibras de la carne, de unos 2,5 x 4,5 cm de tamaño.

2 Mezcle en un cuenco pequeño el vinagre de arroz y unos 200 ml de agua. Humedézcase las manos en esta agua y forme 8 bolitas de tamaño similar con el arroz sushi preparado.

3 Unte cada loncha de salmón con un poco de pasta wasabi.

4 Coloque una bolita de arroz sobre cada porción de pescado. Para ello, coloque en la mano izquierda la loncha de pescado con la parte untada con el wasabi hacia arriba y ponga la bolita de arroz sobre ella. Comprima ligeramente la preparación al tiempo que la aprieta desde arriba con el pulgar izquierdo. Acompáñelo con el rábano en conserva.

Ingredientes

150 g de filete de **salmón fresco**

4 cucharadas de **vinagre de arroz**

175 g de **arroz para sushi** preparado

(*véase* pág. 9)

1 cucharadita de **wasabi**

1 cucharada de **rábano japonés** en conserva

Ingredientes

8 **gambas** crudas, sin pelar

(de 30 g aproximadamente)

sal · 3 cucharadas de **vinagre de arroz**

1 cucharada de **mirin**

1 cucharadita de **azúcar**

1 cucharada de **zumo de limón**

175 g de **arroz para sushi** preparado

(*véase* pág. 9)

1 cucharadita de **wasabi**

Sushi de gambas
Miss Saigón

Preparación
PARA 8 PIEZAS

1 Enjuague las gambas con agua fría, séquelas y ensártelas en una broqueta metálica en sentido longitudinal. Ponga a hervir 200 ml de agua salada en un cazo y cueza las gambas en el recipiente tapado durante 4 minutos. Sáquelas, enjuáguelas y retírelas de las broquetas.

2 Pele las gambas, excepto la cola, córtelas por el centro en sentido longitudinal, aunque sin llegar al otro extremo, y elimine el conducto intestinal.

3 Mezcle el vinagre de arroz con 4 cucharadas del agua de cocción de las gambas, el mirin, el azúcar, el zumo de limón y una pizca de sal. Marine las gambas en esta mezcla 10 minutos y déjelas escurrir.

4 Con las manos humedecidas, forme 8 porciones ovaladas con el arroz para sushi. Ponga una gamba en la mano izquierda, úntela con un poco de wasabi y coloque encima una porción de arroz. Presiónela con el pulgar.

Nigiri japonés
con setas shiitake

De fácil preparación y sabor extraordinario: el nigiri de setas ocupará un lugar destacado en su bufet de sushi.

Ingredientes

10 **setas shiitake** grandes y frescas

1 cucharadita rasa de **sal marina** fina

1 **puerro** pequeño

sal · 4 cucharadas de **vinagre de arroz**

200 g de **arroz para sushi** preparado (*véase* pág. 9)

1-2 **limones**

Preparación
PARA 10 PIEZAS

1 Limpie las setas shiitake frescas con papel de cocina para eliminar cualquier resto de suciedad, pero no las lave. Corte con un cuchillo afilado los pies de las setas y haga cortes en forma de estrella en los sombreros, vaya con cuidado para no dañar la carne. Ase o fría las setas entre 1 y 3 minutos, hasta que se ablanden y adquieran un color oscuro. Espolvoréelas entonces con la sal marina.

2 Prepare y lave el puerro. Separe de 2 a 3 hojas y blanquéelas en agua hirviendo salada, enjuáguelas con agua fría y déjelas escurrir y enfriar. Corte las hojas en 10 tiras finas longitudinales.

3 Mezcle en un cuenco pequeño el vinagre de arroz con 200 ml de agua. Forme porciones ovaladas con el arroz para sushi; para ello humedézcase las manos en el agua. Aplane ligeramente la base de las porciones, cúbralas con una seta y ate el conjunto con una tira de puerro.

4 Lave el limón con agua caliente, séquelo y córtelo a gajos. Acompañe los nigiri con los gajos de limón. Exprima el limón sobre el nigiri antes de degustarlo.

Estos nigiri también son deliciosos con otros tipos de setas aromáticas. Por ejemplo, resultan ideales las setas de cardo sazonadas con ajo.

Sushi nigiri
de atún fresco

Un **clásico** entre los sushi tradicionales: el suave atún crudo
es una delicia para el paladar gracias a su aroma **delicado** y particular.

Ingredientes

150 g de **filete de atún** fresco

2 cucharaditas de **wasabi**

4 cucharadas de **vinagre de arroz**

175 g de **arroz para sushi**

preparado (*véase* pág. 9)

Preparación
PARA 8 PIEZAS

1 Lave el filete de atún con agua fría, séquelo y retire cualquier espina con una pinza. Recorte los bordes y córtelo en sentido transversal a las fibras en 8 lonchas muy finas, del mismo tamaño, de 3 x 5 cm, aproximadamente.

2 Unte una cara de las lonchas con un poco de pasta wasabi.

3 Prepare la mezcla tezu: mezcle en un cuenco pequeño 200 ml de agua con el vinagre de arroz. Humedézcase los dedos y las palmas de las manos con dicha mezcla y forme 8 porciones con el arroz sushi preparado.

4 Coloque una loncha de atún untada con el wasabi en una mano, ponga encima una porción de arroz y presione ligeramente para unirlas.

Los filetes de atún para sushi se dividen en 3 calidades: otoro, la porción del vientre, de color claro y rica en grasas; chutoro, también de la parte ventral, pero más magra y oscura, y akami, calidad magra de color rojo oscuro en contacto con la espina dorsal.

Sushi temaki

Kari-kari-salmon-no
de salmón fresco

Fresco y **crujiente:** los cucuruchos de salmón sorprenderán por la acertada combinación de mostaza y berros, que se mezclan **armónicamente** con el pescado.

Ingredientes

100 g de **filete de salmón** fresco

(con piel)

sal · 1 cucharadita de **aceite**

1 cucharadita de **mostaza**

semipicante

2 cucharadas de **berro**

4 hojas de **lechuga**

2 láminas de **alga nori**

200 g de **arroz para sushi**

preparado (*véase* pág. 9)

Preparación

PARA 4 PIEZAS

1 Lave el filete de salmón con agua fría y séquelo bien. Sale el lado de la piel y corte el filete en 4 lonchas transversales y finas de manera que cada una conserve una porción de piel.

2 Caliente el grill del horno. Coloque las lonchas de pescado sobre una lámina de papel de aluminio ligeramente aceitada y áselas con el grill hasta que estén cocidas y crujientes.

3 Pincele las lonchas de salmón con la mostaza.

4 Lave y seque los berros y las hojas de lechuga.

5 Divida las láminas de alga nori por la mitad. Coloque sobre cada mitad un poco de arroz sushi, 1 loncha de salmón, berros y 1 hoja de lechuga, y enrolle el conjunto formando un cucurucho.

¿No dispone de grill? Ningún problema: también puede freír el salmón en una sartén antiadherente. Si no tiene salmón fresco puede utilizar salmón ahumado.

Cucuruchos de sushi
de tortilla y hortalizas

Un **capricho** para el paladar en forma de cucurucho: este relleno de tortilla, pepino y calabaza tiene un sabor refinado, deliciosamente **refrescante**.

Ingredientes

4 tiras de **calabaza** seca

sal · 4 **huevos**

4 cucharadas de **dashi** (sopa de pescado instantánea)

2 cucharaditas de **salsa de soja** clara

3 cucharaditas de **azúcar**

2 cucharadas de **mirin**

2 cucharadas de **aceite**

50 g de **pepino**

2 láminas de **alga nori**

150 g de **arroz para sushi** preparado (*véase* pág. 9)

1 cucharadita de **wasabi**

2 cucharaditas de **berro** lavado

Preparación

PARA 4 PIEZAS

1 Enjuague las tiras de calabaza bajo el chorro del agua. Frótelas entre las manos con un poco de sal, hasta que se ablanden un poco. Enjuáguelas y remójelas en agua caliente durante 20 minutos.

2 Para preparar la tortilla, bata los huevos en un cuenco. Mezcle el caldo dashi frío, 1 cucharadita de salsa de soja, 1 cucharadita de azúcar, 1 pizca de sal y 1 cucharada de mirin, hasta que el azúcar y la sal se disuelvan. Con la ayuda de una batidora de varillas incorpore esta mezcla al cuenco con los huevos, pero no la bata demasiado. Caliente el aceite en una sartén y prepare una tortilla de unos 2 cm de grosor. Déjela enfriar a temperatura ambiente, divídala por la mitad y córtela en 8 tiras del mismo tamaño.

3 Escurra la calabaza, cúbrala de nuevo con agua, póngala a hervir, cuézala 10 minutos y escúrrala otra vez. Vuelva a cubrir la calabaza en el recipiente con agua fría. Agréguele el azúcar restante, la salsa de soja y el mirin. Déjela cocer a fuego moderado, sin tapar, hasta que la práctica totalidad del líquido se haya evaporado. Deje enfriar la calabaza, séquela y córtela.

4 Lave y seque el pepino. Córtelo en rodajas de 1 cm de grosor y después a tiras.

5 Corte las láminas de alga nori por la mitad en sentido diagonal. Forme 4 bolitas de arroz sushi con las manos humedecidas.

6 Forme cucuruchos temaki con las láminas de alga nori y rellénelos con el arroz para sushi, el wasabi, tiras de tortilla, calabaza y pepino y un manojito de hojas de berro.

36

Cucuruchos de sushi
de ave y setas

Preparación
PARA 8 PIEZAS

1 Corte el pato y el pollo a tiras de 0,5 cm. Mezcle la salsa teriyaki con 3 cucharadas de agua; viértalo sobre las tiras de ave y déjelas reposar tapadas durante 20 minutos.

2 Tueste el sésamo en una sartén sin grasa hasta que esté dorado.

3 Corte la porción verde de las hojas de col china, lávela, séquela y córtela en tiras. Corte los champiñones en tiras. Corte las láminas de alga nori por la mitad.

4 Caliente el aceite, seque la carne del adobo, fríala a fuego vivo 2 minutos y resérvela. Sofría los champiñones 4 minutos, añada el adobo y déjelo reducir. Mezcle las setas, la carne y el sésamo y déjelos enfriar.

5 Forme 8 bolitas de arroz regulares con las manos humedecidas. Coloque sobre cada lámina de alga nori una bolita de arroz, úntela con la pasta wasabi, cúbralo con la mezcla de carne, salsa y col, presione bien y enróllelo formando un cucurucho.

Ingredientes

150 g de **pechuga de pato** (pelada)

100 g de filetes de **pechuga de pollo**

5 cucharadas de **salsa teriyaki**

2 cucharadas de **semillas de sésamo**

8 hojas pequeñas de **col china**

4 **champiñones** grandes

4 láminas de **alga nori**

1 cucharada de **aceite de sésamo**

200 g de **arroz para sushi** preparado

(*véase* pág. 9)

1 cucharadita de **wasabi**

Ingredientes

1 **huevo** duro

2 **patatas** hervidas

1 lata de **atún** (escurrido, 150 g peso neto)

2 **escalonias** pequeñas

1 trozo de **pepino** (unos 5 cm)

sal · **pimienta** recién molida

4 láminas de **alga nori**

200 g de **arroz para sushi** preparado

(*véase* pág. 9)

Cucuruchos temaki
con ensalada de atún

Preparación
PARA 8 PIEZAS

1 Pele el huevo y píquelo finamente. Pele las patatas hervidas y aplástelas con un tenedor.

2 Deje escurrir el atún en un colador. Pele las escalonias y píquelas finamente. Lave el pepino, córtelo por la mitad a lo largo y elimine las semillas con una cuchara. Córtelo sin pelar en tiras finas. Desmigaje el atún escurrido con un tenedor.

3 Mezcle los dados de huevo, las patatas aplastadas, los trocitos de atún y las tiras de pepino y sazónelos con sal y pimienta al gusto.

4 Corte las láminas de alga nori por la mitad con unas tijeras. Forme 8 bolitas de arroz regulares con las manos humedecidas. Coloque sobre la parte superior de la lámina de alga nori una bolita de arroz, forme un cucurucho y rellénelo con la ensalada de atún.

Temaki de gambas
con hortalizas multicolores

Un festival para los sentidos: los temaki de gambas no sólo son un deleite para la vista; su sabor delicado es el resultado de la acertada composición de los mejores ingredientes.

Ingredientes

175 g de **tirabeques**

175 g de **zanahorias** jóvenes

3 **rábanos blancos**

(250 g cada uno)

sal

120 g de **gambas** (hervidas)

2 cucharadas de **mirin**

4 cucharadas de **mayonesa**

2 cucharaditas de **salsa de soja**

175 g de **arroz para sushi**

preparado (*véase* pág. 9)

3 láminas de **alga nori**

1-2 cucharaditas de **wasabi**

Preparación
PARA 6 PIEZAS

1 Prepare y lave los tirabeques; córtelos por la mitad a lo largo. Pele las zanahorias y los rábanos. Corte las zanahorias en sentido longitudinal y los rábanos en tiras de 7 cm de longitud y 0,5 cm de anchura, y sálelos ligeramente.

2 Blanquee zanahorias y tirabeques durante casi 1 minuto en agua salada hirviendo, enjuáguelos con agua fría y déjelos escurrir en un colador.

3 Mezcle las tiras de hortalizas y divídalas en 6 porciones. Macere las gambas en el mirin unos 10 minutos. Mezcle la mayonesa con la salsa de soja.

4 Forme, con las manos humedecidas, 6 bolitas de arroz regulares.

5 Corte las láminas de alga nori en sentido longitudinal. Coloque en la mano izquierda una mitad, con la parte lisa hacia abajo. Coloque sobre la parte superior una bolita de arroz y úntela ligeramente con la pasta wasabi. Cúbrala con las tiras de hortalizas, las gambas y la mezcla de soja y mayonesa. Presione con delicadeza y forme un cucurucho con la lámina de alga nori.

En lugar de las gambas puede utilizar 3 langostinos tigre: fríalos en 3 cucharadas de aceite de oliva con 1 diente de ajo picado, pélelos, divídalos por la mitad a lo largo y prosiga trabajando como en la receta anterior.

Cucuruchos de algas
con setas shiitake

Preparación
PARA 8 PIEZAS

1 Limpie las setas shiitake con un paño de cocina y corte los pies. Limpie y pele la zanahoria.

2 Corte las setas a rodajas y la zanahoria a tiras longitudinales y, a continuación, en dados pequeños.

3 Caliente la mitad del aceite en una sartén antiadherente y sofría los dados de zanahoria de 3 a 4 minutos hasta que estén al dente; retírelos y déjelos enfriar. Fría las setas shiitake en el aceite restante a fuego vivo de 2 a 3 minutos y déjelas enfriar.

4 Mezcle los dados de zanahoria y las setas con el arroz para sushi y sazónelos con la salsa de soja, el aceite de sésamo, la pasta wasabi y el jengibre.

5 Corte por la mitad las láminas de nori, coloque encima la mezcla de setas, zanahoria y arroz y forme cucuruchos.

Ingredientes

150 g de **setas shiitake**

1 **zanahoria** grande

2 cucharaditas de **aceite**

200 g de **arroz para sushi** preparado (*véase* pág. 9)

1 cucharada de **salsa de soja**

1 cucharadita de **aceite de sésamo**

2 pizcas de **wasabi**

1 cucharadita de **jengibre** rallado

4 láminas de **alga nori**

Ingredientes

2 filetes de **salmón** fresco

(de 150 g cada uno)

½ cajita de **berros**

2 tiras de **rábano japonés** enlatado

1 trozo de **pepino** (unos 4 cm)

4 láminas de **alga nori**

200 g de **arroz para sushi** preparado

(*véase* pág. 9)

1 cucharadita de **wasabi**

Sushi temaki
al estilo occidental

Preparación
PARA 8 PIEZAS

1 Enjuague los filetes de salmón con agua fría y séquelos. Córtelos en 8 finas lonchas oblicuas y áselas a la parrilla hasta que estén crujientes. Déjelas enfriar.

2 Limpie los berros, lávelos y séquelos bien. Deje escurrir el rábano y córtelo en tiras finas de unos 5 cm de longitud. Lave y seque el pepino y córtelo sin pelarlo en tiritas de 5 cm de longitud.

3 Corte por la mitad las láminas de nori. Coloque sobre cada una 1 cucharada de arroz para sushi, úntelo con la pasta wasabi y cúbralo con salmón, pepino y rábano.

4 Finalmente agregue un pequeño manojo de berros y forme cucuruchos temaki con las algas nori.

5 Sirva inmediatamente para que no se ablanden.

Temaki
de queso fresco y hierbas

Simplemente irresistibles: el ligero queso fresco, las hierbas
y un aroma picante confieren a estos cucuruchos sushi un sabor especial.

Ingredientes

½ cajita de **berros**

1 **zanahoria** pequeña

4-5 **rabanitos**

1 **cebolla** tierna

75 g de **crema de queso fresco**

(con yogur)

1 cucharadita de **mayonesa**

1 pizca de **wasabi**

sal · pimienta recién molida

5 láminas de **alga nori**

200 g de **arroz para sushi**

preparado (*véase* pág. 9)

Preparación
PARA 10 PIEZAS

1 Prepare, lave y seque bien los berros. Prepare la zanahoria, pélela y córtela en finos dados. Prepare los rabanitos, lávelos y córtelos en 4 u 8 partes, según su tamaño.

2 Prepare y lave la cebolla tierna, córtela por la mitad y, a continuación, en rodajas muy finas.

3 Prepare una crema con el queso fresco, la mayonesa y la pasta wasabi. Sazone con sal y pimienta.

4 Mezcle con cuidado unos ²/₃ de los berros, los dados de zanahoria, ²/₃ de los rabanitos y la cebolla tierna.

5 Corte por la mitad las algas nori. Forme con las manos humedecidas 10 bolitas de tamaño regular con el arroz para sushi.

6 Coloque media lámina de alga nori con la cara lisa hacia abajo sobre la palma de la mano izquierda, ponga encima una bolita de arroz y una porción de la mezcla de queso fresco a su lado. Forme un cucurucho con la hoja y adórnelo con los berros y un trozo de rabanito. Sírvalo inmediatamente.

Es una buena idea dejar que los invitados preparen sus propios temaki en una fiesta. Corte las láminas de alga nori en 4 porciones o utilice hojas de lechuga iceberg o romana como alternativa.

Cucuruchos de sushi
con lechuga, ternera y hortalizas

Una exótica composición temaki: las algas nori y la lechuga

protegen un delicioso contenido.

Ingredientes

100 g de carne de **ternera**

150 g de **zanahorias**

2 **cebollas** tiernas

2 cucharadas de **aceite**

1 pizca de **pimienta blanca**

2 láminas de **alga nori**

175 g de **arroz para sushi**

preparado (*véase* pág. 9)

1 cucharadita rasa de **wasabi**

4 hojas de **lechuga**

Para la salsa:

180 ml de **salsa de soja**,

mirin y **vinagre de arroz**

Preparación
PARA 4 PIEZAS

1 Congele la carne ligeramente. Mientras tanto, prepare y pele las zanahorias y las cebollas tiernas. Corte ambas en tiras finas.

2 Saque la carne del congelador y córtela en lonchas muy finas. Caliente el aceite en una sartén, fría la carne y resérvela.

3 Mezcle los ingredientes para la salsa y hierva las zanahorias y las cebollas hasta que estén al dente. Sazónelas con pimienta blanca y escúrralas ligeramente.

4 Corte las láminas de alga nori por la mitad. Coloque sobre cada una un poco de arroz para sushi, úntelo con pasta wasabi, añada una hoja de lechuga lavada, un poco de carne y hortalizas y forme un cucurucho. Fije los extremos del cucurucho de alga nori con granos de arroz aplastados.

También puede sustituir la ternera por otros tipos de carne. Resulta especialmente apetitosa la pechuga de pato o pavo untada con 1 cucharadita de mantequilla de cacahuete.

Temaki California
con gambas y caviar

Preparación
PARA 4 PIEZAS

1 Prepare y lave el calabacín, séquelo y córtelo en tiritas de 0,5 cm de grosor.

2 Enjuague las gambas con agua fría y séquelas bien.

3 Pele el aguacate, córtelo en 4 gajos y rocíelo inmediatamente con el zumo de limón.

4 Corte las láminas de alga con unas tijeras por la mitad.

5 Forme con las manos húmedas 4 bolitas iguales con el arroz para sushi preparado. Distribuya el wasabi.

6 Cubra las láminas de alga nori con el arroz, los gajos de aguacate, las tiritas de calabacín, las gambas y las huevas de pescado rojas y enróllelas formando cucuruchos.

Ingredientes

1 **calabacín** pequeño

4 **gambas** cocidas

¼ de **aguacate** maduro

1 cucharada de **zumo de limón**

2 láminas de **alga nori**

150 g de **arroz para sushi** preparado

(*véase* pág. 9)

1 cucharadita de **wasabi**

4 cucharaditas de **huevas de pescado rojas**

en conserva

Ingredientes

4 hojas pequeñas de **lechuga**

1 **escalonia** pequeña

¼ de **aguacate** maduro

1 cucharadita de **zumo de limón**

½ limón

60 g de **surimi** (4 palitos)

2 láminas de **alga nori**

150 g de **arroz para sushi** preparado

(*véase* pág. 9)

1 cucharadita de **wasabi**

1 cucharadita de **semillas de**

sésamo negras

Cucuruchos de sushi
con surimi y aguacate

Preparación
PARA 4 PIEZAS

1 Prepare, lave y seque las hojas de lechuga. Pele la escalonia y córtela en tiras muy finas en sentido longitudinal.

2 Pele el aguacate, córtelo en 4 tiras longitudinales y rocíelas inmediatamente con el zumo de limón.

3 Lave el limón con agua muy caliente, séquelo y corte 4 rodajas extremadamente finas.

4 Seque los palitos de surimi. Corte las láminas de alga nori con unas tijeras por la mitad.

5 Forme con el arroz para sushi preparado y las manos humedecidas 4 bolitas del mismo tamaño.

6 Forme unos cucuruchos temaki con las láminas de alga nori, y rellénelos con el arroz, la pasta wasabi y los otros ingredientes. Antes de servir, decore con el sésamo negro.

Temaki de espárragos
con aguacate y calabacín

Unos cucuruchos llenos de frescor: las hortalizas crujientes unidas
a un cremoso puré de aguacate convierten este temaki en una auténtica delicia.

Ingredientes

4 **espárragos** verdes

1 **calabacín** pequeño

1 **aguacate** pequeño

2 cucharadas de **zumo de limón**

4 cucharaditas de **mayonesa**

1 cucharadita de **salsa de soja**

200 g de **arroz para sushi**
preparado (*véase* pág. 9)

4 láminas de **alga nori**

1 cucharadita de **wasabi**

Preparación
PARA 8 PIEZAS

1 Lave los espárragos, pele el tercio inferior y corte los extremos.
Córtelos por la mitad a lo largo.

2 Prepare y lave el calabacín, y córtelo en tiritas de 7 cm de largo
y 0,5 cm de anchura.

3 Pele el aguacate y tire el hueso. Corte medio aguacate en gajos y
rocíelos con el zumo de limón. Reduzca el resto a puré y mézclelo
con la mayonesa y la salsa de soja.

4 Forme 8 bolitas del mismo tamaño con el arroz para sushi
preparado y las manos humedecidas

5 Corte las láminas de nori por la mitad. Coloque media lámina con
la cara lisa hacia abajo en la mano izquierda. Disponga en la parte
superior una bolita de arroz y úntela con un poco de pasta wasabi.

6 Agregue unas tiritas de calabacín, aguacate y espárrago, un poco
de la crema de aguacate y mayonesa y enrolle la hoja en forma de
cucurucho.

**También puede aprovechar los
sobrantes de carne de cerdo, pavo
o pollo. Fría brevemente la carne
en aceite de sésamo y sazónela con
un poco de salsa de soja.**

Sushi maki

Ura-maki de hortalizas
recubiertos de sésamo

Crujientes y sin carne ni pescado: los ura-maki de hortalizas
también agradan a los paladares que gustan de la cocina sushi original.

Ingredientes

4 cucharadas de **semillas**

de sésamo

1 trozo de **pepino** (unos 10 cm)

½ **aguacate** maduro

1 cucharadita de **zumo de limón**

4 hojas de **lechuga**

1 cucharada de **mayonesa**

2 láminas de **alga nori**

250 g de **arroz para sushi**

preparado (*véase* pág. 9)

Preparación
PARA 10 PIEZAS

1 Tueste las semillas de sésamo en una sartén sin aceite hasta que estén doradas, páselas a un plato y déjelas enfriar.

2 Lave el pepino, córtelo por la mitad a lo largo y elimine las semillas con una cuchara. Corte el pepino sin pelar en tiritas de 0,5 cm de grosor. Pele el aguacate, córtelo a tiras y rocíelas inmediatamente con el zumo de limón.

3 Lave las hojas de lechuga y séquelas. Distribuya la mitad de la mayonesa sobre las hojas de lechuga y extiéndala bien. Enrolle las hojas individualmente.

4 Cubra la esterilla de bambú con película de plástico y coloque encima una lámina de alga nori con la cara lisa hacia abajo.

5 Distribuya por encima la mitad del arroz con las manos humedecidas y presione fuerte, dejando libre un borde en los extremos superior e inferior. Dé la vuelta al alga con cuidado, de manera que el arroz quede sobre la película.

6 Cubra el extremo inferior de la lámina de alga nori con la mitad de la mayonesa restante, y coloque encima el rollito de lechuga y las tiritas de pepino y de aguacate. Enrolle el arroz, el alga nori y el relleno con ayuda de la esterilla de bambú.

7 Forme otro rollo con los ingredientes restantes. Reboce con cuidado ambos rollos con el sésamo y corte cada uno en 5 porciones iguales.

Rollos de California
y hoso-maki de calabaza

Dos auténticos clásicos: los rollos de California y los hoso-maki de calabaza
constituyen el punto álgido de un delicioso menú.

Ingredientes

Para los rollos de California:

60 g de **surimi** (4 palitos)

1 trozo de **pepino** (unos 10 cm)

½ **aguacate** · 1 cucharadita de

zumo de limón

4 cucharadas de **semillas**

de sésamo

2 láminas de **alga nori**

250 g de **arroz para sushi**

preparado (*véase* pág. 9)

1 cucharada de **mayonesa**

Para el hoso-maki de calabaza:

100 g de **calabaza amarilla**

en conserva

2 láminas de **alga nori**

1 cucharadita de **wasabi**

400 g de **arroz para sushi**

preparado

Preparación
PARA 12 Y 16 PIEZAS

1 Prepare los rollos de California como se describe en la receta de la
página 62: corte los palitos de surimi en sentido longitudinal. Lave
el pepino, córtelo por la mitad y a lo largo, elimine las semillas y
córtelo en tiritas. Pele el aguacate, córtelo en tiras y rocíelas con
el zumo de limón. Tueste las semillas de sésamo hasta que estén
doradas y déjelas enfriar.

2 Cubra la esterilla de bambú con película de plástico y coloque
encima una lámina de nori con la cara lisa hacia abajo. Distribuya
por encima la mitad del arroz para sushi, apriete bien y dé la
vuelta al alga, de forma que el arroz quede sobre la película
de plástico. Extienda sobre la lámina de nori la mitad de los
ingredientes y enróllela. Prepare un segundo rollo de la misma
manera. Corte cada rollo en 6 porciones y rebócelos con las
semillas de sésamo.

3 Para el hoso-maki, escurra la calabaza en un colador y píquela.

4 Corte las láminas de alga nori por la mitad y a lo largo. Coloque
cada una sobre la esterilla de bambú, extienda por encima
¼ parte de la pasta wasabi y del arroz para sushi, ¼ parte de la
calabaza y enróllelo. Divida cada uno de los rollos sushi en
4 porciones del mismo tamaño.

**Los hoso-maki de calabaza resultan
especialmente deliciosos si se adornan con
caviar de salmón keta. El plato de sushi
se sirve entonces con un poco de wasabi y
unas rodajas de rábano japonés en conserva.**

Rollitos de primavera sushi
rellenos de salmón

Preparación
PARA 8–12 PIEZAS

1 Enjuague los filetes de salmón con agua fría, séquelos y rocíelos con zumo de limón. Déjelos marinar durante 5 minutos y añada sal y pimienta.

2 Distribuya el arroz para sushi preparado sobre las láminas de pasta y apriete bien. Coloque los filetes de salmón sobre el arroz y enrolle los rollitos. Mezcle la maicena con 1 cucharadita de agua, pincele los extremos de la pasta con esta mezcla y presione bien para asegurar el relleno.

3 Caliente el aceite en una freidora, hasta que no se formen burbujas en el mismo al sumergir el extremo de una varilla de madera. Fría los rollitos en el aceite caliente y retírelos cuando estén dorados y crujientes.

4 Déjelos escurrir sobre papel de cocina y córtelos con un cuchillo afilado en 1 o 2 porciones. Si lo desea, adórnelos con semillas de sésamo tostadas y acompáñelos con jengibre en conserva y salsa de chile.

58

Ingredientes

4 filetes de **salmón** fresco (de 80 g cada uno)

4 cucharaditas de **zumo de limón**

sal · **pimienta** recién molida

200 g de **arroz para sushi** preparado

(*véase* pág. 9)

4 láminas de **pasta para rollitos**

de primavera

1 cucharada de **maicena**

aceite para freír

Ingredientes

1 trozo de **pepino** (de unos 5 cm)

100 g de **judías de soja amarillas**
en conserva

1 cucharada de **confitura**
de ciruela japonesa

2 láminas de **alga nori**

250 g de **arroz para sushi** preparado
(*véase* pág. 9)

1 cucharadita de **wasabi**

Umekyo-natto-maki
con confitura de ciruela

Preparación
PARA 16 PIEZAS

1 Lave el pepino y corte la piel en tiras alternas. Córtelo luego en tiras finas.

2 Enjuague las judías y escúrralas. Píquelas groseramente con un cuchillo y mézclelas en un cuenco pequeño con la confitura de ciruelas.

3 Corte las láminas de alga nori por la mitad. Cubra cada mitad con ¼ parte del arroz y úntelo con el wasabi.

4 Distribuya por encima la mezcla de judías y confitura, así como las tiras de pepino.

5 Prepare los sushi maki con ayuda de la esterilla de bambú y enróllelos dándoles forma de cuadrado. Corte los rollos en 16 porciones del mismo tamaño.

Hoso-maki multicolores
de pescado y hortalizas

Un trío delicado: rellenos de atún, setas u hortalizas,

los clásicos hoso-maki son tan deliciosos a la vista como al paladar.

Ingredientes

Para los hoso-maki de atún:

½ aguacate maduro

1 cucharadita de zumo de limón

125 g de filete de atún fresco

Para los hoso-maki de hortalizas:

4 hojas de lechuga

1 cucharada de mayonesa

100 g de rábano y zanahorias

4 cucharadas de sake · sal

1 cucharada rasa de azúcar

Para los hoso-maki de setas:

6 setas shiitake secas

2 cucharaditas de azúcar

3 cucharadas de soja y de sake

¼ de manojo de cebollino

Para todos:

3 láminas de alga nori

3 cucharaditas de wasabi

600 g de arroz para sushi

Preparación
PARA 12 PIEZAS DE CADA UNO

1 Para los hoso-maki de atún corte el aguacate pelado a tiras y rocíelas con el zumo de limón. Enjuague el atún con agua, séquelo y córtelo en tiras longitudinales de 0,5 cm de grosor.

2 Extienda sobre dos mitades de alga nori el arroz, la parte correspondiente de wasabi, el pescado y el aguacate, enróllelo y córtelo en 6 trozos del mismo tamaño.

3 Para los hoso-maki de hortalizas lave y seque las hojas de lechuga. Cúbralas con un poco de mayonesa y enróllelas. Prepare y pele los rábanos y las zanahorias, y corte ambos en tiritas de 5 cm de longitud y 0,5 cm de grosor.

4 Ponga a hervir en un cazo el sake con 3 cucharadas de agua, la sal y el azúcar. Añada las zanahorias y los rábanos y hiérvalos durante 1 minuto, retire el recipiente del fuego y deje enfriar su contenido.

5 Cubra dos mitades de lámina de nori con el arroz, la parte correspondiente de wasabi, las hojas de lechuga, la zanahoria y el rábano, enróllelo y corte cada rollo en 6 trozos.

6 Para los hoso-maki de setas remoje las setas shiitake en 200 ml de agua hirviendo, déjelas reposar 30 minutos y escúrralas. Guarde el agua del remojo. Enjuague las setas y elimine los pies duros. Ponga a hervir el agua en el que se remojaron las setas con éstas, el azúcar, la salsa de soja y el sake unos 10 minutos. Escurra las setas, déjelas enfriar y córtelas a tiras. Lave el cebollino y séquelo.

7 Cubra dos mitades de alga nori con arroz, el resto de wasabi, las setas y el cebollino, enróllelas y corte cada una en 6 trozos iguales.

Rollos de California
al estilo clásico

¡Aquí los rollitos sushi muestran lo que contienen! El secreto: arroz, pepino y aguacate combinados en un refinado menú.

Ingredientes

60 g de **surimi** (4 palitos)

1 trozo de **pepino** (de unos 10 cm)

½ **aguacate** maduro

1 cucharadita de **zumo de limón**

4 cucharadas de **semillas**

de sésamo

2 láminas de **alga nori**

250 g de **arroz para sushi**

preparado (*véase* pág. 9)

1 cucharada de **mayonesa**

Preparación
PARA 12 PIEZAS

1 Seque los palitos de surimi y córtelos a lo largo por la mitad.

2 Lave el pepino, córtelo a lo largo por la mitad y retire las semillas con una cuchara. Corte el pepino en tiritas de 0,5 cm de grosor.

3 Pele el aguacate, córtelo en tiras longitudinales y rocíelas inmediatamente con el zumo de limón.

4 Tueste las semillas de sésamo en una sartén sin aceite hasta que estén doradas, retírelas y déjelas enfriar en un plato.

5 Cubra la esterilla de bambú con una película de plástico y coloque encima una lámina de alga nori con la cara lisa hacia abajo.

6 Distribuya por encima la mitad del arroz para sushi, presiónelo ligeramente y déle la vuelta junto con la lámina de nori, de manera que el arroz quede en contacto con la película.

7 Distribuya la mitad de la mayonesa sobre el tercio inferior de la lámina de nori, coloque encima la mitad de los palitos de surimi, las tiritas de pepino y aguacate, y enróllelo con la ayuda de la esterilla. Si lo desea, puede darle forma cuadrada.

8 Forme un segundo rollo con los ingredientes restantes. Corte cada rollo en 6 trozos del mismo tamaño y rebócelos con el sésamo tostado.

Futo-maki
de shiitake y surimi

Colorido y **delicioso:** los gruesos rollos resultan vistosos y abren el apetito.
Su preparación es una de las más refinadas en el **arte** del sushi.

Ingredientes

4 **setas shiitake** secas

2 cucharaditas de **azúcar**

3 cucharadas de **salsa**

de soja clara

3 cucharadas de **sake**

60 g de **surimi** (4 palitos)

1 trozo de **pepino** (de unos 8 cm)

80 g de **tortilla**

3 láminas de **alga nori**

250 g de **arroz para sushi**

preparado (*véase* pág. 9)

1 cucharadita de **wasabi**

Preparación
PARA 12 PIEZAS

1 Remoje las setas en 200 ml de agua hirviendo durante 30 minutos. Escúrralas con un colador de malla fina y recoja el agua del remojo.

2 Lave las setas bajo un chorro del agua fría y elimine los pies duros. Ponga a hervir unos 10 minutos el agua en que remojó las setas –y añádalas junto con el azúcar, la salsa de soja y el sake. Saque las setas, déjelas enfriar y córtelas en tiras.

3 Seque los palitos de surimi y córtelos longitudinalmente. Lave el trozo de pepino, córtelo a lo largo por la mitad, elimine las semillas y córtelo en tiras de 0,5 cm de grosor. Corte la tortilla en tiras de 1 cm de grosor.

4 Coloque una lámina entera de alga nori sobre la esterilla de bambú y, con las manos humedecidas, distribuya el arroz para sushi por encima, dejando un margen libre a los lados. Distribuya la mitad del wasabi sobre el arroz.

5 Corte una segunda lámina de nori por la mitad y colóquela sobre el arroz de tal manera que coincidan los dos extremos inferiores, delimitando el arroz. Presione ligeramente la preparación.

6 Extienda por encima la mitad de los ingredientes en sentido transversal y forme un rollo grueso con ayuda de la esterilla de bambú.

7 Forme un segundo rollo con los ingredientes restantes y corte cada uno de ellos en 6 trozos del mismo tamaño.

Rollitos sushi
de salmón y hortalizas

Preparación
PARA 12 PIEZAS

1 Lave los espárragos y corte los extremos inferiores. Hierva los espárragos de 5 a 6 minutos en agua salada, escúrralos y déjelos enfriar.

2 Corte la remolacha, el rábano y los filetes de pescado en tiras. Lave y seque las hojas de acedera.

3 Cubra la esterilla de bambú con una película de plástico y coloque encima una lámina de alga nori con la cara lisa hacia abajo.

4 Distribuya la mitad del arroz sobre el alga, presione bien y dé la vuelta a la lámina de nori, de forma que el arroz quede sobre la película. Reparta la mitad de la mayonesa sobre el tercio inferior de la lámina de nori y coloque encima la mitad de los ingredientes preparados y unos tallos de cebollino; enróllelo. Prepare un segundo rollo.

5 Lave el eneldo, sacuda el exceso de agua y píquelo finamente. Corte cada uno de los rollos en 6 trozos iguales y rebócelos con cuidado en el eneldo.

Ingredientes

2-3 **espárragos** verdes

sal · 50 g de **remolacha** en conserva

50 g de **rábano** en conserva

80 g de **salmón** fresco y de filete de **atún**

6 hojas de **acedera**

2 láminas de **alga nori**

250 g de **arroz para sushi** preparado

(*véase* pág. 9)

1 cucharada de **mayonesa**

½ manojo de **cebollino**

½ manojo de **eneldo**

Ingredientes

100 g de filete de **salmón** fresco

1 cucharadita rasa de **wasabi**

4 hojas de **acelgas**

150 g de **arroz para sushi** preparado

(*véase* pág. 9)

2 cucharadas de **caviar de salmón keta**

Sushi de acelgas
y salmón

Preparación
PARA 12 PIEZAS

1 Enjuague el filete de salmón con agua fría y séquelo. Córtelo en lonchas finas con un cuchillo afilado. Unte una cara con pasta wasabi.

2 Divida las hojas de acelga, elimine el tallo y escalde las hojas 1 minuto en agua salada hirviendo. Enjuáguelas con agua fría y déjelas secar extendiéndolas sobre un paño.

3 Tome una porción de arroz con una cuchara húmeda, forme una bola compacta con las manos humedecidas y aplánela ligeramente.

4 Cubra algunas porciones de arroz con las lonchas de salmón untadas con wasabi en contacto con el arroz. Haga una pequeña cavidad en las porciones de arroz restantes y llénelas con el caviar. Envuelva todas las porciones con las hojas de acelga. Sírvalas bien frías.

Rollos de California
con cangrejo y huevas

Sushi para mimar a sus comensales: la sabrosa carne de cangrejo
y el caviar se complementan para formar una delicia multicolor.

Ingredientes

½ aguacate maduro

1 cucharadita de zumo de limón

50 g de carne de cangrejo

enlatada

1 zanahoria

1 lámina de alga nori

200 g de arroz para sushi

preparado (véase pág. 9)

1 cucharadita rasa de wasabi

2 cucharadas de mayonesa

4 cucharadas de huevas de

pescado o salmón

Preparación
PARA 12 PIEZAS

1   Pele el aguacate, deshuéselo, divida la carne en gajos y rocíelos inmediatamente con el zumo de limón. Corte la carne de cangrejo en bastoncitos de 0,5 cm de grosor.

2   Prepare la zanahoria, pélela y córtela en tiritas de 0,5 cm de grosor. Escalde la zanahoria 1 minuto en agua salada hirviendo, enjuáguela con agua fría y déjela escurrir.

3   Corte por la mitad el alga nori. Cubra una mitad de la misma con la mitad del arroz para sushi, y apriételo ligeramente. Coloque encima una lámina de plástico y la esterilla de bambú. Dé la vuelta a la esterilla con cuidado, de forma que el alga nori quede hacia arriba.

4   Unte el alga con el wasabi. Disponga encima los gajos de aguacate, las tiritas de zanahoria y la carne de cangrejo, y extienda un poco de mayonesa por encima. Enrolle el conjunto pero ¡sin la película de plástico!

5   Repita la operación con la segunda lámina de alga nori. Corte cada rollo en 6 trozos del mismo tamaño y adórnelos con las huevas.

En lugar de huevas
de salmón puede
utilizar caviar
o sucedáneo.

68

Variaciones de maki
de atún y salmón

El filete de pescado fresco es deliciosamente aromático.
Tanto si se trata de salmón como de atún, debe estar finamente cortado.

Ingredientes

Para las 3 variaciones:

400 g de **arroz para sushi**

preparado (*véase* pág. 9)

Para los tekka-hoso-maki:

150 g de filete de **atún** fresco

2 láminas de **alga nori**

1 cucharadita de **wasabi**

Para los sake-hoso-maki:

150 g de filete de **salmón** fresco

2 láminas de **alga nori**

1 cucharadita de **wasabi**

Para los sake-kawa-futo-maki:

6 hojas de **lechuga**

1 trozo de **pepino**

300 g de filete de **salmón** fresco

1 cucharada de **fécula de patata**

2 cucharadas de **aceite**

3 láminas de **alga nori**

1 cucharadita de **wasabi**

Preparación
PARA 24 Y 12 PIEZAS

1 Para los tekka-hoso-maki enjuague el filete de atún y séquelo; elimine cualquier espina restante con unas pinzas. Corte el filete en tiras de aproximadamente 0,5 cm de ancho.

2 Corte por la mitad las láminas de nori, cúbralas con el arroz y unte éste con el wasabi. Coloque encima las tiras de atún y enrolle la preparación ayudándose con la esterilla de bambú. Corte cada rollo en 6 trozos del mismo tamaño.

3 Para los sake-hoso-maki, enjuague el filete de salmón con agua fría, séquelo y elimine las espinas restantes con unas pinzas. Corte el filete en tiras de 1 cm de grosor y forme –como se describe en el paso 2– un par de rollos sushi maki.

4 Para los sake-kawa-futo-maki, lave las hojas de lechuga, séquelas y córtelas en tiras finas. Lave el pepino, séquelo y córtelo por la mitad a lo largo. Elimine las semillas con una cuchara y corte el pepino en tiras finas.

5 Enjuague el filete de salmón, séquelo y elimine las espinas con unas pinzas. Corte el pescado en lonchas finas oblicuas, páselo por la fécula de patata y fríalo en aceite caliente durante 2 minutos, déle la vuelta y fríalo 1 minuto más.

6 Coloque una lámina nori entera sobre la esterilla de bambú y, con las manos humedecidas, distribuya la mitad del arroz por encima. Coloque encima media lámina nori y presione el conjunto. Disponga la mitad de los ingredientes sobre el arroz y forme un rollo con ayuda de la esterilla. Prepare un segundo rollo con los ingredientes restantes. Corte ambos rollos en 6 trozos iguales.

Hoso-maki
de pepino, zanahoria y pescado

Un trío colorido no sólo agradable a la vista: tres variantes de sushi
que despertarán el apetito con sus deliciosos rellenos.

Ingredientes

200 g de **zanahorias**

4 cucharadas de **sake**

sal

1 cucharadita rasa de **azúcar**

100 g de filete de **atún**

oscuro muy fresco

½ **pepino**

1 ½ láminas de **alga nori**

300 g de **arroz para sushi**

preparado (*véase* pág. 9)

1 cucharadita rasa de **wasabi**

Preparación
PARA 6 PIEZAS DE CADA UNO

1 Prepare y lave las zanahorias y córtelas en tiritas de,
aproximadamente, 1 cm de grosor. Ponga a hervir el sake con
3 cucharadas de agua, la sal y el azúcar. Hierva en esta mezcla
las tiritas de zanahoria durante 1 minuto, retire el recipiente
del fuego y deje enfriar la preparación.

2 Enjuague el filete de atún con agua fría, séquelo y elimine cualquier
resto de espinas con unas pinzas. Corte el filete con un cuchillo
afilado en lonchas de 2 mm de grosor.

3 Lave el pepino, séquelo y córtelo por la mitad a lo largo. Elimine
las semillas y corte la carne en tiras de 1 cm de grosor.

4 Corte por la mitad las láminas de nori. Cubra cada una con ⅓ del
arroz para sushi, unte éste con el wasabi, distribuya por encima las
tiritas de zanahoria y enrolle la lámina de nori. Corte el rollo
en 6 trozos oblicuos del mismo tamaño.

5 Cubra la segunda mitad del alga nori con ⅓ del arroz para sushi, y
unte éste con un poco de wasabi. Extienda por encima las tiras de
pepino y enrolle la preparación. Córtela en 6 trozos en sentido
oblicuo.

6 Cubra la última alga con el resto del arroz y reparta por encima
las lonchas de atún enrolladas. Haga un rollito con el conjunto
y corte 6 porciones en sentido oblicuo.

Rollos rápidos
de camarones y caviar

Preparación
PARA 6 PIEZAS

1 Rocíe los camarones con el zumo de limón y déjelos marinar durante 10 minutos.

2 Coloque la lámina nori con la cara lisa hacia abajo sobre una esterilla de bambú, distribuya por encima de forma uniforme el arroz para sushi preparado y presiónelo ligeramente. Enrolle la preparación con ayuda de la esterilla.

3 Corte el rollo de arroz con un cuchillo muy afilado en 6 porciones del mismo grosor. Colóquelas hacia arriba sobre una fuente.

4 Presione la superficie de cada una con una cuchara para formar una pequeña cavidad, y rellénelas alternativamente con caviar y camarones; puede decorarlas, si lo desea, con hojas de melisa.

Ingredientes

50 g de **camarones** (hervidos)

1 cucharada de **zumo de limón**

1 lámina de **alga nori**

400 g de **arroz para sushi** preparado

(*véase* pág. 9)

2 cucharadas de **caviar de salmón keta**

Ingredientes

½ manojo de **cebollino**

1 **aguacate** maduro

2 cucharadas de **zumo de limón**

1 lámina de **alga nori**

200 g de **arroz para sushi** preparado

(*véase* pág. 9)

1 cucharada de **wasabi**

Hoso-maki
de aguacate

Preparación
PARA 12 PIEZAS

1 Prepare el cebollino, enjuáguelo y sacuda el exceso de agua.

2 Pele el aguacate, córtelo por la mitad a lo largo y deshuéselo. Corte la carne en tiras de 1 cm de grosor. Rocíelas inmediatamente con zumo de limón.

3 Corte el alga nori con las tijeras. Coloque media lámina con la cara lisa hacia abajo sobre una esterilla de bambú, distribuya por encima la mitad del arroz sushi preparado y apriete ligeramente.

4 Unte el arroz con la mitad del wasabi y distribuya sobre el tercio inferior del mismo la mitad de las tiras de aguacate y cebollino. Enrolle la lámina de nori con ayuda de la esterilla. Prepare un segundo rollo con los ingredientes restantes. Corte cada uno en 6 porciones iguales.

Futo-maki cuatricolor
con wasabi

Aquí el arroz teñido con bonitos colores desempeña el papel principal. Y si alguien se toma tantas molestias, se verá recompensado por la admiración de los invitados.

Ingredientes

300 g de **arroz para sushi** preparado (*véase* pág. 9)

4 gotas de cada uno de los siguientes **colorantes**: rojo, amarillo y verde

1 lámina de **alga nori**

1 cucharadita de **wasabi**

Preparación
PARA 6 PIEZAS

1 Coloque el arroz sushi preparado en un cuenco y marque 10 porciones iguales en la superficie.

2 Transfiera $2/10$ de arroz a un cuenco pequeño, añada el colorante amarillo y mezcle con cuidado con el mango de una cuchara hasta que el arroz adquiera un color uniforme y agradable.

3 Ponga $2/10$ del arroz blanco en un cuenco pequeño, añada el colorante rojo y distribúyalo con cuidado con el mango de una cuchara hasta que el arroz adquiera un color uniforme y agradable.

4 Ponga $2/10$ más del arroz blanco en otro cuenco, añada el colorante verde y mezcle con cuidado con el mango de una cuchara hasta que el arroz adquiera un color uniforme y agradable.

5 Coloque la lámina de alga nori con la cara lisa hacia abajo sobre una esterilla de bambú. Distribuya capas de arroz por encima en este orden: una capa de arroz sin colorear, encima una de arroz verde, luego otra roja y, finalmente, una amarilla. Unte el wasabi sobre el arroz verde, enrolle la lámina de nori y corte el rollo obtenido en 6 porciones del mismo tamaño.

Si prefiere colorear el arroz con productos naturales, cueza cada color por separado: el amarillo con una cucharadita de azafrán. Para el verde y el rojo sustituya la mitad del agua por zumo de espinacas o remolacha.

Sashimi

Sashimi
de marisco

Un sashimi para disfrutar: las finas ostras y los berberechos unidos
a las hortalizas miman los paladares más exigentes.

Ingredientes

1 zanahoria pequeña

150 g de rábano

1 calabacín pequeño

150 g de berberechos grandes

400 g de calamares

sal · 1 cucharada de vinagre

de arroz

1 cucharada de mirin

30 g de algas (frescas de la

pescadería)

4 ramitas de cilantro

4 ostras frescas

Preparación
PARA 2 PORCIONES

1 Pele la zanahoria y el rábano. Ralle ambos por separado con
la cara gruesa del rallador. Prepare y lave el calabacín, córtelo
por la mitad a lo largo y, a continuación, a rodajas finas.

2 Lave los berberchos. Enjuague los calamares, séquelos y córtelos
en anillas de 2 a 3 mm de grosor.

3 Ponga a hervir ¹/₂ l de agua con un poco de sal, y añada el
vinagre de arroz y el mirin. Incorpore los berberechos y déjelos
reposar 2 minutos; añada las tiras de calamar y déjelas reposar
2 minutos más.

4 Lave las algas y el cilantro, sacuda el exceso de agua y séquelos
con papel de cocina.

5 Disponga los calamares, las hortalizas, el cilantro y las algas sobre
una fuente. Abra las ostras y colóquelas en la fuente de forma
decorativa junto con los berberechos. Si lo desea, puede servirlo
acompañado de gajos finos de lima y una bolita de wasabi.

**Las conchas frescas no deben estar
abiertas y su olor debe ser
agradable. Los berberechos que
no se abren están en mal estado y no
deben servirse bajo ningún concepto.**

Chirashi-sushi
de pescado y gambas

El sushi como menú completo: el arroz, el pescado, las gambas y las hortalizas multicolores convertirán esta preparación sencilla en un plato delicioso.

82

Ingredientes

15 g de **calabaza** seca · **sal**

6 **setas shiitake** frescas

3 cucharaditas de **azúcar**

3 cucharadas de **salsa de soja**

2 cucharadas de **mirin**

100 g de hojas de **espinacas**

100 g de **gérmenes de soja**

200 g de **brotes de bambú**

(en conserva)

4 **gambas** crudas sin pelar

100 ml de **vinagre de arroz**

80 g de filete de **salmón** fresco

80 g de filete de **caballa** fresca

2 cucharadas de **aceite**

600 g de **arroz para sushi**

preparado (*véase* pág. 9)

Preparación
PARA 4 PORCIONES

1 Enjuague la calabaza y frótela entre las manos con un poco de sal hasta que se ablande. Enjuáguela y remójela en agua caliente durante 20 minutos. Escúrrala, cúbrala con agua fría y déjela hervir 10 minutos. Mientras tanto, limpie las setas con papel de cocina.

2 Escurra la calabaza en un colador. Ponga a hervir 150 ml de agua con 2 cucharaditas de azúcar, la salsa de soja y el mirin. Añada las setas y la calabaza y déjelas cocer con el recipiente tapado durante 15 minutos. Déjelas escurrir y trocee las setas.

3 Prepare las espinacas, lávelas y escáldelas en agua salada hirviendo 1 minuto. Escúrralas, enjuáguelas con agua fría y exprima toda el agua posible. Enjuague los gérmenes de soja y déjelos escurrir. Escurra los brotes de bambú y córtelos en rodajas de 4 mm de grosor.

4 Ensarte las gambas en una broqueta metálica atravesándolas longitudinalmente. Ponga a hervir el vinagre de arroz con 100 ml de agua y 1 cucharadita de azúcar. Cueza las gambas en esta mezcla durante 4 minutos, déjelas escurrir y retire las broquetas.

5 Enjuague los filetes de pescado, séquelos y córtelos en 4 lonchas. Caliente el aceite en una sartén y fría los filetes de pescado durante 1 minuto por lado; sálelos ligeramente.

6 Cubra dos cestitas de bambú con papel de aluminio; coloque en cada una la mitad del arroz y de los ingredientes restantes. Apile las cestas y coloque una tapa sobre la cesta superior. Vierta 4 cm de agua en una olla alta, y coloque las cestas sobre una rejilla dispuesta sobre la base del recipiente. Lleve el agua a ebullición, tape y deje cocer al vapor de 8 a 10 minutos.

Chirashi
de salmón ahumado

Siempre quedan bien: la acertada combinación de salmón ahumado, arroz para sushi y pepino se prepara rápidamente cuando se tiene invitados.

Ingredientes

1 limón

200 g de **salmón ahumado**

2 cucharadas de **semillas de sésamo blancas**

1 **pepino** pequeño

1 cucharada de **vinagre de arroz**

sal

½ cucharadita de **azúcar**

2 cm de **rizoma de jengibre**

800 g de **arroz para sushi** preparado (*véase* pág. 9)

2 cucharadas de **semillas de sésamo negras**

Preparación
PARA 4 PORCIONES

1 Lave el limón con agua caliente, séquelo y córtelo a cuartos en sentido longitudinal. Corte 3 de estos cuartos a rodajas finas y elimine las pepitas.

2 Corte el salmón ahumado en lonchas finas, del tamaño de un bocado. Exprima el último cuarto de limón sobre el salmón, repartiéndolo regularmente.

3 Tueste las semillas de sésamo blancas en una sartén antiadherente sin grasa, hasta que empiecen a dorarse, y déjelas enfriar.

4 Lave el pepino y córtelo en rodajas muy finas. Mezcle el vinagre de arroz, la sal y el azúcar y viértalo sobre el pepino.

5 Pele el jengibre y córtelo con un cuchillo muy afilado en rodajas muy finas y después en tiritas.

6 Seque las rodajas de pepino. Distribuya el arroz sushi preparado en 4 cuencos, disponga los ingredientes restantes encima y decórelos con las semillas de sésamo blancas y negras.

En ocasiones el jengibre fresco puede ser muy picante. Para atenuar su sabor, sumérjalo unos minutos en agua fría. Seque las tiras o rodajas antes de servirlas.

Sashimi de salmón
con cilantro

Preparación
PARA 4 PORCIONES

1 Pele las escalonias y píquelas. Lave y sacuda el agua del cilantro, y pique la mitad de las hojas. Mezcle ambos con el zumo de lima, el vinagre, 1/2 cucharadita de cilantro molido, sal, pimienta, azúcar y 6 cucharadas de aceite.

2 Corte los aguacates por la mitad, pélelos, deshuéselos y córtelos en tiras. Caliente el aceite restante. Fría durante poco tiempo el aguacate a fuego lento. Agregue el cilantro molido restante, sazone con sal y pimienta y distribúyalo sobre cuatro platos.

3 Agregue la vinagreta al fondo de cocción de la sartén y remueva brevemente.

4 Corte el salmón con un cuchillo muy afilado en lonchas finas y colóquelo sobre el aguacate. Sazone con sal y pimienta y rocíe con la vinagreta.

5 Sumerja poco tiempo los tomates en agua hirviendo, escúrralos, pélelos y colóquelos con el diente de león lavado y el cilantro restante sobre el sashimi.

Ingredientes

2 **escalonias**

1 manojo de **cilantro**

2 cucharadas de **zumo de lima**

2 cucharadas de **vinagre de vino blanco**

1 cucharadita de **cilantro molido**

sal · pimienta recién molida

1 pizca de **azúcar**

8 cucharadas de **aceite de oliva**

4 **aguacates** pequeños maduros

400 g de filete de **salmón** fresco

40 **tomates cereza**

20 hojas tiernas de **diente de león**

Ingredientes

2 **escalonias** · 250 g de **carne picada**

1 **huevo** · **sal** · **pimienta** recién molida

175 g de **arroz para sushi** preparado

¾ l de **caldo de ave** · 1 diente de **ajo**

1 rodaja de **rizoma de jengibre**

1 **pimiento** · 1 cucharada de **aceite de**

cacahuete

1 cucharada de **perejil** picado

200 ml de **zumo de tomate**

½ cucharadita de **maicena**

1 cucharadita de **azúcar** · 1 cucharada de

vinagre de arroz

2 cucharadas de **ketchup**

Sushi de carne picada
en capa de arroz

Preparación
PARA 2 PORCIONES

1 Pele y pique las escalonias. Mezcle la mitad con la carne picada y el huevo, y sazone con sal y pimienta. Forme 8 bolitas con la mezcla y rebócelas con el arroz para sushi.

2 Forre una cesta de bambú con papel sulfurizado engrasado y coloque dentro las bolitas. Vierta el caldo en una olla alta. Coloque la cesta sobre una taza en el interior de la olla tapada y deje cocer las bolitas al vapor durante 10 minutos.

3 Mientras tanto, pele el ajo y el jengibre, elimine las semillas del pimiento y lávelo. Pique todos estos ingredientes y sofríalos en el aceite caliente con el resto de la escalonia y el perejil durante 1 minuto.

4 Mezcle el zumo de tomate con la maicena y el azúcar. Añádalos a la preparación anterior y hierva brevemente. Sazone con vinagre de arroz, ketchup y sal, y sírvalo caliente con las bolitas de carne.

Mushi vegetal
con sake y jengibre

Esta mezcla queda muy resultona: las setas chinas secas y las zanahorias frescas armonizan perfectamente con los tirabeques y las raíces de loto en conserva.

Ingredientes

12 setas shiitake secas

4 rodajas de raíz de loto

en conserva

2 zanahorias grandes

8 champiñones frescos

2 cebollas tiernas

2 cucharadas de azúcar

6 cucharadas de salsa de soja

4 cucharadas de mirin

250 g de tirabeques

4 huevos

1 cucharadita de azúcar · sal

2 cucharaditas de salsa de soja

6 cucharadas de sake

1 cucharada de mantequilla

600 g de arroz para sushi

preparado, caliente (véase pág. 9)

Preparación
PARA 4 PORCIONES

1 Remoje las setas shiitake con 350 ml de agua hirviendo durante 20 minutos. Escúrralas y reserve el agua del remojo. Enjuague las setas a fondo y elimine los pies duros. Escurra las raíces de loto.

2 Prepare y pele las zanahorias, córtelas por la mitad a lo largo y luego en sentido transversal. Limpie y cuartee los champiñones. Limpie y lave las cebollas tiernas y córtelas en tiras largas y estrechas.

3 Hierva el agua de las setas con el azúcar, la salsa de soja y el mirin. Agregue las setas y las zanahorias y déjelas cocer durante 10 minutos. Escúrralas en un colador y recoja el líquido de cocción. Cueza brevemente los champiñones y las cebollas en el agua y resérvelos al calor.

4 Prepare y lave los tirabeques; hiérvalos en agua salada 3 minutos y añada las raíces de loto durante los últimos 30 segundos. Escúrralos y enjuáguelos brevemente con agua fría. Corte los tirabeques en tiras longitudinales y resérvelos al calor junto con las raíces de loto.

5 Para la tortilla, bata los huevos con el azúcar, la sal, la salsa de soja y el sake. Caliente la mantequilla en una sartén antiadherente, añada la mezcla y déjela cuajar a fuego lento. Deje enfriar la tortilla y enróllela. Corte el rollo en tiras de 1 cm de ancho.

6 Distribuya el arroz para sushi en 4 cuencos y vierta encima un poco de caldo de verduras. Disponga los rollos de tortilla y las hortalizas sobre el arroz.

Sushi mushi
de pollo y zanahoria

Servido humeante y fresco: con una estética totalmente europea
llega a la mesa el tradicional mushi de pollo con verdura multicolor.

Ingredientes

125 g de **zanahorias**

75 ml de **dashi** (caldo de

pescado instantáneo)

4 cucharaditas de **azúcar · sal**

50 g de **setas shiitake** frescas

250 g de filetes de

pechuga de pollo

2 cucharadas de **salsa de soja**

3 cucharadas de **sake · 2 huevos**

125 g de **tirabeques**

800 g de **arroz para sushi**

preparado (*véase* pág. 9)

Preparación
PARA 4 PORCIONES

1 Prepare y pele las zanahorias y córtelas en tiras lo más finas posible. Mezcle el dashi con 2 cucharadas de azúcar, un poco de sal y las zanahorias, y llévelo a ebullición hasta que el líquido casi se haya evaporado.

2 Limpie las setas shiitake con papel de cocina, elimine los tallos y, a continuación, divida las setas grandes.

3 Corte la carne en dados o tiras grandes. Cuézala con la salsa de soja, una cucharadita de azúcar y el sake hasta que el líquido se evapore.

4 Bata los huevos con un poco de sal, el azúcar restante y el sake. Prepare un revoltillo con esta mezcla en una sartén antiadherente.

5 Prepare y lave los tirabeques, y trocee los más grandes. Escáldelos durante 2 minutos en agua salada, enjuáguelos con agua fría y déjelos escurrir.

6 Distribuya el arroz en 4 cuencos y cúbralo con los ingredientes restantes. Coloque los cuencos sobre una rejilla dispuesta en el fondo de una cacerola ancha, tape y deje cocer al vapor durante 12 minutos.

Esta preparación también resulta deliciosa con pechuga de pavo. Mezcle 6 cucharadas de cacahuetes tostados con el arroz y sustituya los tirabeques por guisantes frescos.

Sashimi clásico
con rábano Daikon

Preparación
PARA 4 PORCIONES

1 Sale el filete de salmón por ambas caras y déjelo reposar en la nevera durante 2 horas. Elimine la sal con un paño de cocina, rocíelo con el vinagre de arroz y déjelo marinar durante 30 minutos.

2 Enjuague el filete de atún y el calamar con agua fría y séquelos. Corte el atún en tiras de 0,5 cm de ancho, y la mitad de éstas a dados. Corte el calamar en lonchas oblicuas y después en tiras finas.

3 Enjuague el filete de rodaballo con agua fría, séquelo y cuartéelo en sentido longitudinal. Talle una cuadrícula con el cuchillo en cada trozo y enróllelo en forma de roseta y, a continuación, rocíe con el zumo de limón. Pele el rábano Daikon y rállelo. Sálelo ligeramente.

4 Enjuague el filete de salmón, séquelo y córtelo en lonchas de 0,5 cm de ancho. Disponga atractivamente los trozos de pescado con el rábano, el wasabi y la salsa de soja en una fuente y adorne con rodajas de zanahoria y rabanitos.

92

Ingredientes

120 g de filete de **salmón** fresco

2 cucharadas de **sal marina**

2 cucharadas de **vinagre de arroz**

120 g de filete de **atún** fresco

1 **calamar** pequeño (de 60 g una vez limpio)

120 g de filete de **rodaballo** fresco

1 cucharada de **zumo de limón**

1 trozo de **rábano Daikon** (3 cm)

sal

2 cucharaditas de **wasabi**

3 cucharadas de **salsa de soja**

Ingredientes

4 láminas de **tofu** fritas (Abura-age)

200 ml de **caldo de ave**

3 cucharadas de **salsa de soja**

4 cucharadas de **azúcar**

3 cucharadas de **mirin**

4 **setas shiitake** frescas

1 **zanahoria** pequeña

1 cucharada de **sake**

2 cucharadas de **guisantes** finos

(congelados)

150 g de **arroz para sushi** preparado

8 tallos de **cebollino**

Limosneras de sushi tofu
con guisantes y zanahorias

Preparación
PARA 8 PIEZAS

1 Coloque las tortitas de tofu sobre una tabla y aplánelas con fuerza con un rodillo. Córtelas por la mitad y sepárelas con cuidado para formar una pequeña bolsita.

2 Ponga a hervir el caldo en una cacerola baja con 2 cucharadas de salsa de soja, 2 de azúcar y 2 de mirin; hierva las láminas de tofu hasta que el líquido se evapore. Deje que se enfríen.

3 Limpie las setas shiitake. Corte los pies y pique los sombreros. Prepare, pele y corte la zanahoria en dados. Hierva el agua con la salsa de soja, el azúcar, el mirin, el sake, las setas, las zanahorias y los guisantes; cueza 4 minutos.

4 Mezcle las hortalizas con el arroz y forme 8 bolitas. Seque las láminas de tofu, ponga en el centro de cada una una bolita, lleve hacia arriba los extremos de la lámina de tofu y ciérrelos con un tallo de cebollino.

Bolsitas de sushi
con copos de pescado blanco

¿Le apetece una sorpresa? Entonces las bolsitas de sushi rellenas
de pescado serán el preludio ideal para un menú japonés.

Ingredientes

150 g de filete de **pescado blanco**

24 tallos de **perejil**

sal · 10 cucharaditas de **azúcar**

100 g de **zanahorias**

50 ml de **dashi** (caldo de

pescado instantáneo)

10 **huevos**

1 cucharada de **fécula de patata**

3 cucharadas de **sake**

2 cucharadas de **aceite de soja**

100 g de **calabaza** en conserva

800 g de **arroz para sushi**

preparado (*véase* pág. 9)

Preparación
PARA 12 PIEZAS

1 Hierva el pescado en agua 8 minutos, escúrralo, séquelo bien
con un paño y sepárelo en láminas con la ayuda de dos tenedores.
Lave el perejil, escáldelo unos breves segundos en el fondo de
cocción del pescado, enjuáguelo con agua fría y déjelo escurrir.

2 Sazone el pescado con $1/2$ cucharadita de sal. Colóquelo en un
tamiz y cuézalo al vapor mezclado con 3 cucharaditas de azúcar
hasta que las láminas de pescado se abran como copos de
algodón.

3 Prepare y pele las zanahorias y córtelas a tiras. Hierva las
zanahorias con el dashi, 2 cucharaditas de azúcar y un poco
de sal hasta que prácticamente todo el líquido se evapore.

4 Bata los huevos con la fécula de patata, el azúcar restante, la sal
y el sake. Caliente una sartén pequeña, pincélela con el aceite de
soja y prepare 12 tortillas extremadamente finas. ¡No las apile!

5 Escurra la calabaza y píquela, al igual que las zanahorias. Mezcle
ambas con el arroz y forme 12 bolitas del mismo tamaño. Rellene
cada tortilla con una bola de arroz y ate los extremos con 2 tallos
de perejil. Doble los extremos de la tortilla hacia afuera y rellene
la abertura con los copos de pescado.

**Los copos de pescado blanco, denominados
oboro, se pueden preparar con antelación y
congelar en porciones. Una vez descongelados,
déjelos cocer al vapor sobre agua hirviendo
hasta que recuperen su consistencia esponjosa.**

Índice de recetas

96

BLUME

Título original:
Sushi

Traducción:
Maite Rodríguez Fischer

Revisión de la edición en lengua española:
Ana María Pérez Martínez
Especialista en temas culinarios

Coordinación de la edición en lengua española:
Cristina Rodríguez Fischer

Primera edición en lengua española 2002
Reimpresión 2002, 2003, 2004 (2)

© 2002 Naturart, S.A. Editado por BLUME
Av. Mare de Déu de Lorda, 20
08034 Barcelona
Tel. 93 205 40 00   Fax 93 205 14 41
E-mail: info@blume.net
© 2001 Verlag Zabert Sandmann GmbH, Múnich

ISBN: 84-8076-429-5
Depósito legal: B. 49.115-2004
Impreso en Filabo, S.A., Sant Joan Despí (Barcelona)

Créditos fotográficos

Sobrecubierta: StockFood/Kai Mewes (portada y contraportada, derecha);
StockFood/S. & P. Eising (contraportada, centro); StockFood/Steven Morris
(contraportada, izquierda)

Jo Kirchherr (Estilismo: Oliver Brachat): 7 id, 8–9, 13, 15, 19, 21, 23, 25, 29, 31, 32–33, 35, 37,
38, 39, 41, 43, 45, 47, 49, 51, 69, 77, 81, 83, 85, 86, 89, 91, 93, 95; StockFood/Gerrit Buntrock:
4–5, 57, 66; StockFood/Jean Cazals: 55, 61; StockFood/Tom Eckerle: 7 iiz; StockFood/
Susie Eising: 10–11, 26, 42, 52–53, 67, 75; StockFood/S. & P. Eising: 6 iz, 7, 16, 74,
78–79, 92; StockFood/Ulrike Köb: 58; StockFood/David Loftus: 6 d; StockFood/Len Mastri
Photogr.: 7; StockFood/Kai Mewes: 17, 20, 27, 48, 59, 65, 71, 73; StockFood/Steven Morris:
7 sd, 63; StockFood/Scherer: 2–3; StockFood/Jan-Peter Westermann: 7 siz; StockFood/
Z. Sandmann/Schieren: 87